KÁVÉKEDVELŐ RECEPTGYŰJTEMÉNYE

100 KÜLÖNBÖZŐ RECEPT A KLASSZIKUS CAPPUCCINÓTÓL A KÜLÖNLEGES LATTÉIG

Liza Végh

Minden jog fenntartva.

Jogi nyilatkozat

ebben az e-könyvben található információk célja, hogy átfogó stratégiák gyűjteményeként szolgáljanak, amelyekről az e-könyv szerzője kutatásokat végzett. Az összefoglalók, stratégiák, tippek és trükkök csak a szerző ajánlásai, és ennek az e-könyvnek az olvasása nem garantálja, hogy az eredmények pontosan tükrözik a szerző eredményeit. Az e-könyv szerzője minden ésszerű erőfeszítést megtett annak érdekében, hogy aktuális és pontos információkat nyújtson az e-könyv olvasói számára. A szerző és munkatársai nem vállalnak felelősséget az esetlegesen feltárt nem szándékos hibákért vagy kihagyásokért. Az e-könyvben található anyagok tartalmazhatnak harmadik féltől származó információkat. A harmadik felek anyagai tulajdonosaik véleményét tartalmazzák. Mint ilyen, az e-könyv szerzője nem vállal felelősséget harmadik felek anyagaiért vagy véleményéért. Akár az internet fejlődése miatt, akár a vállalati szabályzatban és a szerkesztői benyújtási irányelvekben bekövetkezett előre nem látható változások miatt, ami az írás idején tényként szerepel, a későbbiekben elavulttá vagy alkalmatlanná válhat.

Az e-könyv szerzői joga © 2023, minden jog fenntartva . Ennek az e-könyvnek egészben vagy részben történő újraterjesztése, másolása vagy származékos alkotása illegális. A jelentés egyetlen része sem reprodukálható vagy továbbítható semmilyen formában a szerző kifejezett és aláírt írásos engedélye nélkül.

TARTALOMJEGYZÉK

TARTALOMJEGYZÉK 4
BEVEZETÉS 8
KÁVÉS DESSZERTEK 10
    1. Bogyós tiramisu 11
    2. Cikória krémbrulé 13
    3. Mocha fondü 16
    4. Tiramisu 18
    5. Fűszeres olasz aszalt szilvás-szilva torta 21
    6. Olasz kávé Granita 25
    7. Ho ney bee cortado 27
    8. Kávé gránit 29
    9. Coffee gelato 31
    10. Tele csokoládé fagylalttal 33
    11. Csokoládé rumos fagylalt 36
    12. Ír kávé 38
    13. Jeges dupla csokoládéhab 41
    14. Cappuccino frappe 44
    15. Fagyos Mocha Brownie 46
    16. Bisquick kávé torta 48
    17. Kávézselatin desszert 51
    18. Coffee Mousse 53
    19. Kávés-kókuszos agar desszert 57
    20. Olasz Affogato 60
KÁVÉT TEÁVAL BETÖLTVE 62
    21. Kávéval főzött hongkongi tea 63
    22. Jeges kávé tea 65
    23. Malajziai kávé teával 67
    24. Buborékos tea jeges kávé 69
    25. Kávé és Earl Grey Boba Mocktail 71

26. Kávé-Berry zöld tea 73

KÁVÉ GYÜMÖLCSÖTT 75

27. Málnás Frappuccino 76
28. Mango Frappe 78
29. Málna kávé 80
30. Karácsonyi kávé 82
31. Gazdag kókuszos kávé 84
32. Csokoládé banán kávé 86
33. Fekete-erdő kávé 88
34. Maraschino kávé 90
35. Csokoládé mandulás kávé 92
36. Coffee Soda Pop 94
37. Félédes mokka 96
38. Bécsi kávé 98
39. Espresso Romano 100

KAKAÓVAL ÁTATOTT KÁVÉ 102

40. Jeges Mocha Cappuccino 103
41. Eredeti jeges kávé 105
42. Mocha ízű kávé 107
43. Fűszeres mexikói mokka 109
44. Csokoládé kávé 111
45. Borsmentás Mokka kávé 113
46. Mocha olasz eszpresszó 115
47. Csokoládé kávék 117
48. Csokoládé Amaretto kávé 119
49. Csokoládé mentás kávé úszó 121
50. Kakaó kávé 123
51. Kakaós mogyorós mokka 125
52. Csokoládé menta kávé 127
53. Cafe Au Lait 129
54. Olasz kávé csokoládéval 131
55. Félédes mokka 133

FŰSZERTEL BETÖLT KÁVÉ 135

56. Narancs fűszer kávé...136
57. Fűszeres kávékrém...138
58. Kardamommal fűszerezett kávé...140
59. Cafe de Ola..142
60. Vaníliás mandula kávé..144
61. Arab Java..146
62. Mézes kávé...148
63. Cafe Vienna Desire...150
64. Fahéjas fűszeres kávé...152
65. Fahéjas eszpresszó...154
66. Mexikói fűszerezett kávé..156
67. Vietnami tojás kávé..158
68. Török kávé..160
69. Sütőtök fűszeres tejeskávé...162
70. Caramel Latte...165

ALKOHOLLAL ÁTATOTT KÁVÉ..167

71. Rumos kávé..168
72. Kahlua ír kávé...170
73. Bailey ír cappuccino-ja...172
74. Brandy Kávé...174
75. Kahlua és csokoládé szósz...176
76. Házi kávé likőr..178
77. Kahlua pálinkás kávé..180
78. Lime Tequila Espresso..182
79. Édesített pálinkás kávé..184
80. Vacsoraparti kávé...186
81. Édes juhar kávé..188
82. Dublini álom...190
83. Di Saronno kávé...192
84. Baja kávé..194
85. Praliné kávé...196
86. Vodka kávé...198
87. Amaretto Cafe..200
88. Cafe Au Cin..202
89. Tüskés cappuccino...204

90. Gael kávé...206
91. Rozs whisky kávé..208
92. Cherry Brandy kávé..210
93. Dán kávé..212
94. Whisky Shooter..214
95. Jó öreg ír...216
96. Bushmills ír kávé..218
97. Fekete ír kávé..220
98. Krémes ír kávé...222
99. Régimódi ír kávé..224
100. Krémlikőr Latte..226

KÖVETKEZTETÉS..228

BEVEZETÉS

Üdvözöljük a "Kávéimádó receptgyűjteményének" varázslatos világában. A kávé, a reggelek elixírje és a számtalan beszélgetés múzsája, olyan művészet, amely örömet és kényelmet hoz az embereknek szerte a világon. Ez a receptgyűjtemény tisztelgés a varázslat előtt, amely akkor történik, amikor a minőségi bab kreatív kezekbe kerül. A frissen főzött csésze gazdag aromájától a szájpadláson táncoló bársonyos textúráig ezeknek a főzeteknek minden kortyja az öröm utazása.

Ezeken az oldalakon aprólékosan kidolgozott kávéreceptek sorát találja, amelyek mindegyike az Ön kávéélményének fokozását szolgálja. Akár energiát keresel a nap indításához, akár egy nyugodt pillanatra a megnyugvásra, vagy egy pazar étkezés ízletes befejezésére, receptjeink minden hangulatot és alkalmat kielégítenek.
Kávéínyencekkel és kulináris szakértőkkel szövetkeztünk annak érdekében, hogy minden recept remekmű legyen, a legfinomabb összetevőket precíz technikákkal kombinálva.

Csatlakozz hozzánk, amikor elindulunk ezen az érzékszervi expedíción, és merüljünk el a babok, sörfőzelékek és azon túli világban. A klasszikus keverékektől, amelyek kiállták az idő próbáját, az innovatív alkotásokig, amelyek feszegetik az ízek határait, a "Brewing Bliss" felkérést kap arra, hogy soha nem látott módon fedezze fel a kávé árnyalatait és sokoldalúságát.

KÁVÉS DESSZERTEK

1. Bogyós tiramisu

Hozzávalók

- 1 1/2 csésze főzött kávé
- 2 evőkanál Sambuca
- 1 evőkanál kristálycukor
- 1 kilós tartályos mascarpone sajt
- 1/4 csésze nehéz tejszín
- 2 evőkanál cukrászcukor
- Ladyfinger süti
- Kakaópor
- 2 csésze vegyes bogyók

Útvonalak

a) Egy sekély tálban keverj össze 1 1/2 csésze főzött kávét, 2 evőkanál Sambucát és 1 evőkanál kristálycukrot, amíg a cukor fel nem oldódik. Egy külön tálban keverj össze egy 1 kilós mascarpone sajtot, 1/4 csésze kemény tejszínt és 2 evőkanál cukrászati cukrot.

b) Egy 8 hüvelykes, négyzet alakú tepsi aljának befedéséhez elegendő mennyiségű ladyfinger sütit használjon, és mártsa a ladyfingereket a kávékeverékbe, és egyenletes rétegben helyezze el a serpenyő alján. A tetejére kenjük a mascarponés keverék felét. Ismételje meg a két réteget. Megszórjuk kakaóporral és 2 csésze vegyes bogyóval. A tiramisut legalább 2 órára, de legfeljebb 2 napra hűtőbe tesszük.

2. Cikória krémbrulé

Hozzávalók

- 1 evőkanál vaj
- 3 csésze nehéz tejszín
- 1 1/2 csésze cukor
- 1 csésze cikória kávé
- 8 tojássárgája
- 1 csésze nyers cukor
- 20 db kis omlós keksz

Útvonalak

a) Melegítsük elő a sütőt 275 F fokra. Kenjünk meg 10 (4 uncia) ramekint. Egy serpenyőben, közepes lángon keverjük össze a tejszínt, a cukrot és a kávét.

b) Habverővel simára keverjük. Egy kis keverőtálban simára verjük a tojásokat. A tojássárgákat temperáljuk a forró tejszínes keverékhez. Levesszük a tűzről és lehűtjük. Merőkanál az egyes ramekinek. Helyezze a ramekineket egy tepsibe.

c) Töltse fel az edényt vízzel, amely a ramekin felét éri. Helyezze be a sütőbe, az alsó rácsra, és süsse, amíg a közepe megszilárdul, körülbelül 45 perctől 1 óráig.

d) Vegyük ki a sütőből és vízzel. Hűtsük le teljesen.

e) Hűtőbe tesszük, amíg kihűl. A tetejére szórjuk a cukrot, a felesleget lerázzuk róla. Kézi fúvós fáklyával karamellizálta a cukrot a tetején. Tálaljuk a brulee-krémet omlós sütivel.

3. **Mocha fondü**

Hozzávalók

- 8 oz. Félédes csokoládé
- 1/2 csésze forró eszpresszó vagy kávé
- 3 evőkanál granulált cukor
- 2 evőkanál vaj
- 1/2 teáskanál vanília kivonat

Útvonalak

a) A csokoládét apróra vágjuk és félretesszük
b) Melegítse fel az eszpresszót és a cukrot fondü edényben alacsony lángon
c) Keverés közben lassan hozzáadjuk a csokoládét és a vajat
d) Adjunk hozzá vaníliát
e) Opcionális: Adjon hozzá egy csepp ír krémet
f) Mártáshoz: Angyalos torta, almaszeletek, banán, eper, font torta, perec, ananászdarabok, mályvacukor

4. Tiramisu

Adagok: 6

Hozzávalók :

- 4 tojássárgája
- ¼ csésze fehér cukor
- 1 evőkanál vanília kivonat
- ½ csésze tejszínhab
- 2 csésze mascarpone sajt
- 30 női ujj
- 1 ½ csésze jéghideg főzött kávé hűtőszekrényben tárolva
- ¾ csésze Frangelico likőr
- 2 evőkanál cukrozatlan kakaópor

Útvonalak

a) Egy keverőedényben a tojássárgáját, a cukrot és a vaníliakivonatot keverjük krémesre.

b) Ezt követően verjük kemény habbá a tejszínt.

c) Keverjük össze a mascarponét és a tejszínhabot.

d) Egy kis keverőtálban a mascarponét enyhén a tojássárgájához keverjük, és félretesszük.

e) Keverje össze az italt a hideg kávéval.

f) Azonnal mártsa a hölgy ujjait a kávékeverékbe. Ha a hölgy ujjai túl nedvesek vagy nedvesek, eláznak.

g) Helyezze a hölgy ujjainak felét egy 9x13 hüvelykes tepsi aljára.

h) Helyezzük rá a töltelék felét.

i) Helyezze rá a maradék hölgy ujjait.

j) Helyezzen fedelet az edényre. Ezt követően hűtsük le 1 órát.

k) Porozd meg kakaóporral.

5. Fűszeres olasz aszalt szilvás-szilva torta

Adagok : 12 adag

Hozzávaló

- 2 bögre Kimagozott és negyedelt olasz
- Aszalt szilva, addig főzve
- Puha és hűvös
- 1 csésze Sózatlan vaj, lágyított
- 1¾ csésze Kristálycukor
- 4 Tojás
- 3 csésze Szitált liszt
- ¼ csésze Sótlan vaj
- ½ font Porcukor
- 1½ evőkanál Édesítetlen kakaó
- Csipet só
- 1 tk Fahéj
- ½ tk Darált szegfűszeg
- ½ tk Őrölt szerecsendió
- 2 teáskanál Szódabikarbóna
- ½ csésze Tej

- 1 csésze Dió, apróra vágva
- 2 Két 3 evőkanál erős, forró
- Kávé
- ¾ teáskanál Vanília

Útvonal :

a) Melegítse elő a sütőt 350 °F-ra. Vajazz ki és lisztezzünk meg egy 10 hüvelykes Bundt serpenyőt.

b) Egy nagy keverőtálban keverjük össze a vajat és a cukrot, amíg világos és habos nem lesz.

c) Egyenként beleütjük a tojásokat.

d) Keverje össze a lisztet, a fűszereket és a szódabikarbónát egy szitában. Harmadsorban a lisztes keveréket a vajas keverékhez adjuk, felváltva a tejjel. Csak úgy verjük, hogy a hozzávalókat egyesítsük.

e) Adjuk hozzá a főtt aszalt szilvát és a diót, és keverjük össze. Forgasd az előkészített tepsibe, és süsd 1 órán át 350°F-os sütőben, vagy amíg a sütemény elkezd zsugorodni a tepsi oldalairól.

f) A cukormáz elkészítéséhez a vajat és a cukrot habosra keverjük. Fokozatosan adjuk hozzá a cukrot és a kakaóport, folyamatosan keverjük, amíg teljesen össze nem áll. Ízesítsük sóval.

g) Egy óránként keverjen hozzá egy kis kávét.

h) Verjük világosra és habosra, majd adjuk hozzá a vaníliát és díszítsük a tortát.

6. Olasz kávé Granita

Hozzávalók

- 4 csésze vizet
- 1 csésze őrölt eszpresszó-pörkölt kávé
- 1 csésze cukor

Útvonal :

a) Forrald fel a vizet, majd add hozzá a kávét. Öntse a kávét egy szűrőn keresztül. Adjuk hozzá a cukrot és jól keverjük össze. Hagyja a keveréket szobahőmérsékletre hűlni.

b) A hozzávalókat 9x13x2-es serpenyőben 20 percig sütjük. Lapos spatulával kaparjuk le a keveréket (én személyesen szeretek villát használni).

c) 10-15 percenként kaparjuk, amíg a keverék sűrű és homokos nem lesz. Ha vastag darabok képződnek, aprítógépben pürésítsük, mielőtt visszatesszük a fagyasztóba.

d) Tálaljuk egy kis adag hideg tejszínnel egy gyönyörű, hűtött desszertben vagy Martini osztályban.

7. Honey bee cortado

Hozzávalók :

- 2 adag eszpresszó
- 60 ml párolt tej
- 0,7 ml vaníliaszirup
- 0,7 ml méz szirup

Útvonal :

a) Készítsen dupla eszpresszót.

b) A tejet felforraljuk.

c) Dobd fel a kávét a vaníliás és mézsziruppal, és keverd jól el.

d) Habosítson vékony réteget a kávé/szirup keverék tetejére egyenlő rész tej hozzáadásával.

8. Kávé gránit

Hozzávalók

- 3 csésze frissen készített nagyon erős feketekávé
- 1/3 csésze szuperfinom cukor
- 1/4 teáskanál tiszta vanília kivonat
- 1 csésze víz, lehűtve
- 1 csésze tejszínhab
- 2 evőkanál pirított mogyoró

Útvonalak

a) Keverjük össze a forró kávét, a cukrot és a vaníliát. Hagyjuk kihűlni, időnként megkeverjük, amíg a cukor feloldódik. Adjuk hozzá a lehűtött vizet és öntsük egy fagyasztótartályba.

b) Fagyasszuk latyakosra. Villával enyhén törjük szét, majd folytassuk a fagyasztást, amíg majdnem megszilárdul.

c) A dió nagy részét finomra daráljuk, a többit durvára törjük. A tejszínt habosra verjük, és beleforgatjuk a darált diót. Tálalás előtt az utolsó 15 percre a fagyasztóba tesszük.

d) Hűtsön le 4-6 magas poharat. Vegye ki a granitát a fagyasztóból, és villával törje össze. Töltsük meg a lehűtött poharakat a kávéjégkristályokkal. A tetejére forgatjuk a fagylaltot, és szórjunk rá néhány darált diót. Legfeljebb egy óránál tovább fagyassza le, majd közvetlenül a fagyasztóból tálalja.

9. Coffee gelato

Hozzávalók

- 1 1/4 csésze világos krém
- 5 tojássárgája
- 1/2 csésze szuperfinom cukor
- 1 teáskanál tiszta vanília kivonat
- 1 1/4 csésze frissen főzött extra erős eszpresszó

Útvonalak

a) A tejszínt addig hevítjük, amíg elkezd buborékolni, majd kissé lehűtjük.
b) Egy nagy hőálló tálban a tojássárgáját, a cukrot és a vaníliát kemény habbá és krémesre verjük. Keverje hozzá a forró tejszínt és a kávét, majd helyezze az edényt egy serpenyőben, amelyen enyhén forr a víz. Fakanállal folyamatosan keverjük, amíg a puding éppen be nem vonja a kanál hátát.
c) Vegyük le a tálat a tűzről, és kissé hűtsük le. Ha teljesen kihűlt, öntsük fagylaltkészítőbe, és dolgozzuk fel a gyártó utasításai szerint, vagy használjuk a kézi keverési módszert. Hagyja abba a kavarást, amikor már majdnem megszilárdult, helyezze át fagyasztótartályba, és tálalás előtt 15 percig hagyja a fagyasztóban, vagy amíg szükséges.
d) Ez a gelato frissen is finom, de akár 3 hónapig is lefagyasztható. Tálalás előtt 15 perccel vegyük ki, hogy kissé megpuhuljon.
e) Körülbelül 1 1/4 pint

10. Tele csokoládé fagylalttal

Hozzávalók

- 3 uncia cukrozatlan csokoládé, durvára vágva
- 1 (14 uncia) doboz édesített sűrített tej
- 1 1/2 teáskanál vanília kivonat
- 4 evőkanál sótlan vaj
- 3 tojássárgája
- 2 uncia félédes csokoládé
- 1/2 csésze erős feketekávé
- 3/4 csésze kristálycukor
- 1/2 csésze könnyű krém
- 1 1/2 teáskanál sötét rum
- 2 evőkanál fehér kakaókrém
- 2 csésze nehéz tejszín
- 2 uncia cukrozatlan csokoládé, finomra reszelve
- 1/4 teáskanál só

Útvonalak

a) Dupla bojlerben olvassz fel 3 uncia cukrozatlan csokoládét. Adjunk hozzá tejet, keverjük simára. Hozzákeverjük a vaníliakivonatot és levesszük a tűzről.

b) Vágjuk a vajat négy egyenlő részre, és egyenként adjuk hozzá, folyamatosan keverjük, amíg az összes csikk bele nem fér. A sárgáját habosra verjük és citromszínűre.

c) Fokozatosan keverje hozzá a csokis keveréket, és folytassa a keverést, amíg sima és krémes nem lesz. Félretesz, mellőz.

d) Dupla bojlerben melegítsen fel 2 uncia félédes csokoládét, kávét, cukrot és könnyű tejszínt. Folyamatosan keverjük simára. Keverje hozzá a rumot és a crème de cacao-t, és hagyja szobahőmérsékletre hűlni.

e) Keverje össze mindkét csokoládékeveréket, a tejszínt, a reszelt cukrozatlan csokoládét és a lécet egy nagy tálban. Öntse a keveréket a fagylalt-fagyasztó kannába, és fagyassza le a gyártó utasításai szerint.

11. Csokoládé rumos fagylalt

Hozzávalók

- 1/4 csésze víz
- 2 evőkanál instant kávé
- 1 (6 uncia) csomag félédes csokoládé chips
- 3 tojássárgája
- 2 uncia sötét rum
- 1 1/2 csésze tejszín, felvert
- 1/2 csésze reszelt mandula, pirított

Útvonalak

a) Egy kis serpenyőben tegyünk cukrot, vizet és kávét. Folyamatos keverés mellett felforraljuk és 1 percig főzzük. Tegyük a csokoládédarabkákat turmixgépbe vagy robotgépbe, és járó motor mellett öntsük rá a forró szirupot, és turmixoljuk simára. Felverjük a tojássárgáját és a rumot, és kissé lehűtjük. A csokoládékeveréket a tejszínhabbal forgatjuk, majd az egyes tálalóedényekbe vagy bombétálba öntjük. Megszórjuk pirított mandulával. Fagy.

b) Tálaláskor tálalás előtt legalább 5 perccel vegyük ki a fagyasztóból.

12. Ír kávé

Hozzávalók

- 1 csésze teljes tej
- 1½ evőkanál instant kávé vagy eszpresszópor
- ⅔ csésze barna cukor, csomagolva
- 1 nagy tojás
- 3 nagy tojássárgája
- ¼ csésze ír whisky
- ½ teáskanál vanília kivonat
- 2 csésze nehéz tejszín

Útvonalak

a) Keverje össze a tejet, az instant kávét és a cukrot egy közepes serpenyőben. Közepes lángon kevergetve főzzük, hogy a cukor feloldódjon, amíg a keverék fel nem forr.

b) A tojásokat és a tojássárgáját egy nagy tálban habosra keverjük. Amikor a tejes keverék felforr, vegyük le a tűzről, és nagyon lassan öntsük a tojásos keverékhez, hogy állandó keverés közben temperálják.

c) Amikor az összes tejes keveréket hozzáadta, tegyük vissza a serpenyőbe, és főzzük tovább közepes lángon, folyamatos keverés mellett, amíg a keverék annyira be nem sűrűsödik, hogy bevonja a kanál hátát, 2-3 percig. A tűzről leléve keverjük hozzá a whiskyt, a vaníliát és a tejszínt.

d) Hűtsük le a tejelegyet szobahőmérsékletre, majd fedjük le és tegyük hűtőbe, amíg jól lehűl, 3-4 órára vagy egy éjszakára. A lehűtött keveréket öntsük fagylaltkészítőbe, és az utasításoknak megfelelően fagyasszuk le.

e) Tegye a fagylaltot egy fagyasztható edénybe, és tegye be a fagyasztóba. Tálalás előtt hagyja megszilárdulni 1-2 órát.

13. **Jeges dupla csokoládéhab**

Hozzávalók

- 3-4 evőkanál nagyon forró tej
- 1 (1/4 uncia) boríték ízesítetlen zselatin
- 1 1/2 csésze fehér csokoládé darabkák
- 4 evőkanál (1/2 rúd) sótlan vaj
- 2 nagy tojásfehérje
- 1/2 csésze szuperfinom cukor
- 1/2 csésze finomra vágott étcsokoládé (az állagot szeretné megtartani)
- 1/2 csésze kemény tejszín, enyhén felverve
- 1/2 csésze görög stílusú joghurt
- 18 db csokoládéval bevont kávébab vagy mazsola
- 1 teáskanál cukrozatlan kakaópor, átszitálva

Útvonalak

a) A zselatint a forró tejhez öntjük, és feloldjuk. Ha szükséges, tegye mikrohullámú sütőbe 30 másodpercig, hogy segítsen feloldódni. A fehér csokoládét és a vajat óvatosan olvasszuk simára. Hozzákeverjük a feloldott zselatint és félretesszük hűlni, de ne hagyjuk újra megszilárdulni. A tojásfehérjét kemény habbá verjük, majd fokozatosan beleforgatjuk a cukrot és az étcsokoládét.

b) A kihűlt fehércsokoládét, a tejszínhabot, a joghurtot és a tojásfehérjét óvatosan összedolgozzuk. A keveréket 6 különálló formába vagy egy nagy formába kanalazzuk, amelyeket műanyag fóliával bélelünk ki a könnyebb formázás érdekében. Finoman simítsa le a tetejét. Fedjük le és fagyasztjuk 1-2 órára vagy egy éjszakára.

c) A tálaláshoz kis késsel lazítsa meg a felső szélét. Fordítson minden formát egy tálaló tányérra, és törölje le egy forró ruhával, vagy finoman könnyítse ki a habot a műanyag fóliával. Fogyasztásig visszatesszük a fagyasztóba a habot. Tálaljuk csokoládéval bevont szemes kávéval vagy mazsolával és egy könnyű szitálással porított csokoládéval.

14. Cappuccino frappe

Hozzávalók

- 4 evőkanál kávélikőr
- 1/2 csésze kávé gelato
- 4 evőkanál szoba
- 1/2 csésze kemény tejszín, felvert
- 1 evőkanál cukrozatlan kakaópor, átszitálva

Útvonalak

a) Öntse a likőrt 6 fagyasztásálló pohár vagy csésze aljába, és jól hűtse le vagy fagyassza le.
b) Készítse elő a gelato-t az utasítások szerint, amíg részben meg nem fagy. Ezután elektromos keverővel habosra keverjük, azonnal rákanalazzuk a fagyasztott likőrre, és ismét lefagyasztjuk, amíg szilárd, de nem kemény lesz.
c) A tejszínhabot rásimítjuk a gelato-ra. Szórjuk meg bőségesen kakaóporral, és tegyük vissza néhány percre a fagyasztóba, amíg teljesen készen állunk a tálalásra.

15. Fagyos Mocha Brownie

Hozzávalók

- 1 c. cukor
- 1/2 c vaj, megpuhult
- 1/3 c sütőkakaó
- 1 t. instant kávé granulátum
- 2 tojás, felvert
- 1 t vanília kivonat
- 2/3 c. univerzális liszt
- 1/2 t sütőpor
- 1/4 t só
- 1/2 c apróra vágott dió

Útvonalak

a) Keverje össze a cukrot, a vajat, a kakaót és a kávégranulátumot egy serpenyőben. Főzzük és keverjük közepes lángon, amíg a vaj elolvad. Vegyük le a tűzről; hűtsük 5 percig. Adjunk hozzá tojást és vaníliát; addig keverjük, amíg össze nem áll.

b) Belekeverjük a lisztet, a sütőport és a sót; hajtsd bele a diót. Egy kivajazott 9"x9"-es tepsibe kenjük a tésztát. Süssük 350 fokon 25 percig, vagy amíg meg nem áll.

c) Hűtsük le a serpenyőben egy rácson. Kenje meg a Mocha Frosting-ot a kihűlt brownie-kra; szeletekre vágjuk. Egy tucatnyit tesz ki.

16. Bisquick kávé torta

Hozzávalók

Kávé torta:
- 2 csésze Bisquick mix
- 2 evőkanál cukor
- 2/3 csésze tej
- 1 tojás

Fahéjas Streusel öntet:
- 1 csésze Bisquick mix
- 2/3 csésze barna cukor enyhén csomagolva
- 2 teáskanál őrölt fahéj
- 1/4 csésze sótlan vaj

Útvonalak

A Streusel öntethez
a) Egy közepes keverőtálban keverje össze a Bisquick mixet, a barna cukrot és a fahéjat.
b) Hozzáadjuk a kockára vágott vajat. Kezével morzsoljuk bele a vajat a száraz keverékbe.

A Kávétortához
c) Melegítse elő a sütőt 350 °F-ra. Egy 8×8 hüvelykes tepsit kibélelünk sütőpapírral vagy kivajazunk. Félretesz, mellőz.
d) Egy nagy keverőtálban keverje össze a Bisquick mixet, a cukrot, a tejet és a tojást egy spatula segítségével. Kaparja le a tálat.
e) A tésztát az előkészített tepsibe öntjük és elsimítjuk.
f) A streusel öntetet egyenletesen szórjuk a tésztára.

g) 20-25 percig sütjük, vagy amíg a közepébe szúrt fogpiszkáló tisztán ki nem jön.

h) Hagyja hűlni a serpenyőben 20 percig, mielőtt felvágja. Tálald és élvezd!

17. Kávézselatin desszert

Adagok: 5

Hozzávalók

- ¾ csésze fehér cukor
- 3 (0,25 uncia) boríték ízesítetlen zselatinpor
- 3 csésze forró főzött kávé
- 1 ⅓ csésze víz
- 1 evőkanál citromlé
- 1 csésze édesített tejszínhab a díszítéshez

Útvonalak

a) Egy serpenyőben keverjük össze a cukrot és a zselatint. Keverje hozzá a forró kávét és a vizet. Lassú tűzön, gyakran kevergetve addig főzzük, amíg a zselatin és a cukor teljesen fel nem oldódik. Levesszük a tűzről, és hozzákeverjük a citromlevet. Öntsük egy 4 1/2 csésze formába.

b) Hűtőbe tesszük dermedésig, legalább 6 órára vagy egy éjszakára. Tejszínhabbal tálaljuk.

18. Coffee Mousse

Adagok: 4 fő

Hozzávalók

- 2 1/2 evőkanál porcukor
- 4 tojás
- 3/4 csésze + 2 evőkanál kemény tejszín
- 3 evőkanál instant kávépor
- 1 evőkanál cukrozatlan kakaópor
- 1 teáskanál zselatin por
- 1 evőkanál instant kávépor és kakaópor keverve – opcionális, a hab elkészítéséhez

Útvonalak

a) Válaszd szét a tojássárgáját és a fehérjét. Helyezze a tojássárgáját egy nagy tálba, a fehérjét pedig a mixer táljába. Félretesz, mellőz.

b) Tegye a zselatinport egy kis tálba hideg vízzel, keverje össze, és tegye félre ázni.

c) Adjuk hozzá a porcukrot a tojássárgájához, és keverjük habosra és világosabb színűre.

d) Helyezze a kemény tejszínt, az instant kávéport és a kakaóport egy kis serpenyőbe, és alacsony lángon melegítse, amíg a porok fel nem oldódnak, időnként megkeverve. A tejszínt ne forrjuk fel.

e) A forró kemény tejszínt a tojássárgájára és a cukorra öntjük verés közben. Jól felverjük, majd kis lángon visszatesszük a serpenyőbe. Addig keverjük, amíg a krém sűrűsödni kezd, majd közvetlenül levesszük a tűzről, és visszatesszük egy nagy, tiszta tálba.

f) Adjuk hozzá a hidratált zselatint a tejszínhez, és alaposan keverjük össze, amíg teljesen össze nem keveredik. Tegye félre, hogy teljesen kihűljön.

g) Amíg a krém hűl, elkezdjük felverni a tojásfehérjét, hogy kemény habot kapjunk.

h) Amikor a krém kihűlt, óvatosan 3-4-szer beleforgatjuk a felvert tojásfehérjét. Lehetőleg ne dolgozza túl a krémet.

i) Öntse a Coffee Mousse-t egyes csészékbe vagy üvegekbe, és tegye a hűtőszekrénybe, hogy legalább 2 órára megdermedjen.

j) Opcionális: tálaláskor szórjon instant kávéport és kakaóport a habokra, hogy befejezze őket.

19. Kávés-kókuszos agar desszert

Adagok: 4 adag

Hozzávalók

- 1 1/2 csésze cukrozatlan kókusztej, normál vagy alacsony zsírtartalmú
- 1 csésze tej
- 1 csésze kristálycukor, osztva
- 2 evőkanál agarpor, osztva
- 1 teáskanál só
- 2 evőkanál instant kávé granulátum
- 3 csésze vizet

Útvonalak

a) Adjunk hozzá kókusztejet, tejet, 1/4 csésze cukrot, 1 evőkanál agarport és sót egy literes serpenyőben; Keverjük össze a keveréket, és forraljuk fel közepesen magas lángon, ügyelve arra, hogy a folyadék ne forrjon fel. Miután a kókusztej keverék 30-40 másodpercig keményre forrt, vegye le a serpenyőt a tűzhelyről.

b) Öntsük a kókusztej keveréket a választott formákba. Hagyja kihűlni.

c) Közben a maradék 3/4 csésze cukrot, 1 evőkanál agart, instant kávét és vizet egy másik serpenyőben habosra keverjük, és közepes-magas lángon keményre forraljuk. Ha a keverék 30-40 másodpercig forr, vegye le a serpenyőt a tűzhelyről.

d) Ellenőrizze, hogy a kókuszagar-réteg megkeményedett-e. Nem akarja, hogy teljesen szilárd legyen; különben a két réteg nem tapad össze és nem csúszik le egymásról a desszert felszolgálásakor. Az ujjával finoman érintse meg a kókuszagar réteg felületét, hogy lássa, van-e ellenállás a felületen. Ha igen, a serpenyőt a lehető legközelebb tartva a kókuszréteg felületéhez, nagyon óvatosan öntse rá a kávéréteget az előző rétegre.

e) Hagyja megdermedni az agart. Ennek körülbelül 40-45 percig kell tartania szobahőmérsékleten, és 20 percig hűtőszekrényben.

20.   Olasz Affogato

Adagok 1 adag

Hozzávalók

- 2 gombóc vanília fagylalt kiváló minőségű
- 1 adag eszpresszó
- 1 evőkanál dió- vagy kávélikőr (elhagyható)
- étcsokoládé, a tetejére való reszeléshez

Útvonalak

a) Főzzön egy eszpresszót (egy személyenként). Egy széles pohárba vagy tálba kanalazzon 1-2 gombóc vaníliafagylaltot, és öntsön rá egy adag eszpresszót.

b) Öntsünk 1 evőkanál nocino diólikőrt vagy választott likőrt a fagylaltra, és reszeljünk rá egy kevés étcsokit.

KÁVÉT TEÁVAL BETÖLTVE

21. Kávéval főzött hongkongi tea

Hozzávalók

- 1/4 csésze fekete tealevél p
- 4 1/2 csésze főzött kávé
- 5-8 evőkanál cukor
- 3/4 csésze fele és fele

Útvonalak

a) Először főzd le a fekete tea leveleit 4 1/2 csésze vízben. Amíg a tea ázik, főzze meg a kávét a kívánt módszerrel. Ügyeljen arra, hogy a tea és a kávé is elég erős legyen!

b) Ha kész a kávé és a tea, keverje össze őket egy nagy tálban vagy kancsóban. Keverje hozzá a cukrot a kávé/tea keverékhez, majd adja hozzá a felét. Alaposan keverjük össze és tálaljuk!

c) Ez 8-10 adagot tesz ki a bögre méretétől függően. Ezt a teát hűtve vagy jéggel is tálalhatod!

22. Jeges kávé tea

Hozzávalók

- kávé
- enyhe tea
- jég
- tejszín nem kötelező
- cukor választható

Útvonalak

a) Helyezze be a kávés K-csésze betétet a gépbe. Adjon jeget a csészéhez vagy pohárhoz. Helyezze a teászacskót vízszintesen a jég tetejére, hogy a kifőzött kávé átfolyjon a teazacskón, miközben kifolyik. A főzés leállítása után hagyja néhány másodpercig ázni. Nyomja meg a teászacskót, ügyelve arra, hogy a zacskó ne törjön fel, majd vegye ki az üvegből és dobja ki.

b) Adjunk hozzá tejszínt vagy cukrot, ha szükséges.

23. **Malajziai kávé teával**

Hozzávalók

- 1¾ csésze (438 ml) víz
- 9 teáskanál (18 g) laza levelű ceyloni fekete tea
- ⅓ csésze (67 g) Turbinado cukor
- 1 ⅔ csésze (417 ml) párolt tej
- 1½ csésze (375 ml) erős kávé, forró

Útvonalak

a) Egy edényben keverje össze a vizet a tealevelekkel. Közepes lángon forraljuk fel, csökkentsük a hőt alacsonyra és pároljuk; 5 perc. A teának elég sötétnek kell lennie.

b) Vegye ki az edényt, vagy kapcsolja ki a hőt. Azonnal keverje hozzá a Turbinado cukrot, amíg a cukor nagyrészt fel nem oldódik; 1 perc.

c) Hozzákeverjük az elpárolgott tejet. Helyezze vissza az edényt közepes lángra. Forraljuk fel a keveréket, csökkentsük a hőt alacsonyra, és forraljuk fel; 3 perc.

d) Szűrje le a teakeveréket egy sajtkendővel bélelt, finom szitán, vagy vegye ki a teazacskókat, ha használja.

e) Öntsük a forró kávét; alaposan keverjük össze.

24. Buborékos tea jeges kávé

Hozzávalók

- Jégkockák
- Kedvenc kávéja, 4 csészéhez elegendő
- 3/4 csésze gyorsfőzésű tápióka gyöngy
- 1/2 csésze teljes tej
- 1/2 csésze sűrített tej
- Buborékos tea szívószál

Útvonalak

a) Tegye a hűtőszekrénybe az előfőzött kávét, hogy teljesen lehűljön – a legjobb néhány órára vagy egy éjszakára.

b) Főzzük meg a tápiókagyöngyöt a csomagoláson található utasítások szerint. (Ne forralja fel őket, amíg nem áll készen a tálalásra – gyorsan megkeményednek.) Hagyja kihűlni egy tál hideg vízben.

c) Tegye át és ossza fel a tápiókát négy üres pohárba. Felöntjük hideg kávéval.

d) Egy kancsóban óvatosan keverjük össze a tejet és a sűrített tejet. Egyenletesen osszuk el a kávéspoharakba (ó, nézd, milyen szép az egész!).

e) Tegyünk a tetejére néhány jégkockát, szúrjunk bele egy szívószálat, és azonnal tálaljuk.

25. Kávé és Earl Grey Boba Mocktail

Hozzávalók

- 4 uncia Chameleon Cold-Brew vanília kávé koncentrátum
- 3 uncia Earl Grey tea
- 2 uncia úszógumi (tejből választott ital)
- Tápiókagyöngy (Boba) mézzel vagy cukorral bevonva
- Csipetnyi kardamom szórva a tetejére

Útvonalak

a) Készítsd elő a bobát, és kend be mézzel vagy cukorral.

b) Főzzön Earl Grey teát és hűtse le.

c) Fedjük be az üveg alját a bobával és a cukorral.

d) Kombinálja a Chameleon Cold-Brew vanília kávékoncentrátumot és az Earl Grey-t.

e) Ráöntjük a bobára.

f) Tetejére tetszőleges tejszínnel vagy tejitallal.

g) Szórjuk meg a kardamomot a tetejére és élvezzük!

26. Kávé-Berry zöld tea

Hozzávalók

- 1 zacskó zöld tea
- 1/3 csésze kávé-gyümölcs ital (például Kona vagy Bai márkák)
- 1 teáskanál reszelt narancshéj
- Fahéjrudacskák
- 1 teáskanál méz
- 3 bazsalikom levél

Útvonalak

a) Egy nagy bögrében adjunk hozzá egy zacskó zöldteát 6 oz-ig. forrásban lévő víz.

b) Adjuk hozzá a kávés-gyümölcsös italt és a narancshéjat. Fahéjrudakkal keverje össze a mézet.

c) A bazsalikomleveleket tépkedjük fel, és adjuk a teához. Meredek, lefedve, 5 percig. Távolítsa el a teazsákot. Forrón tálaljuk.

KÁVÉ GYÜMÖLCSÖTT

27. Málnás Frappuccino

Hozzávalók :
- 2 csésze zúzott jégkocka
- 1 1/4 csésze extra erős főzött kávé
- 1/2 csésze tej
- 2 evőkanál vanília- vagy málnaszirup
- 3 evőkanál csokoládészirup
- Tejszínhab

Útvonalak
a) Keverje össze a jégkockákat, a kávét, a tejet és a szirupokat egy turmixgépben.
b) Szép simára turmixoljuk.
c) Töltsük lehűtött magas tálalóbögrékbe vagy szódaszökőkút-poharakba.
d) Tetejszínhabbal megkenjük, a tetejére csokit és málnaszirupot csepegtetünk.
e) Ha szükséges, adjunk hozzá egy maraschino cseresznyét

28. Mango Frappe

Hozzávalók :
- 1 1/2 csésze mangó, feldarabolva
- 4-6 jégkocka
- 1 csésze tej
- 1 evőkanál citromlé
- 2 evőkanál cukor
- 1/4 teáskanál vanília kivonat

Útvonalak
a) Tegye a felvágott mangót a fagyasztóba 30 percre
b) Keverje össze a mangót, a tejet, a cukrot, a citromlevet és a vaníliát egy turmixgépben. Keverjük simára.
c) Adjunk hozzá jégkockákat, és addig dolgozzuk, amíg a kockák is sima nem lesznek.
d) Azonnal tálaljuk.

29. Málna kávé

Hozzávalók :
- 1/4 csésze barna cukor
- Kávézacc egy 6 csésze hagyományos kávéhoz
- 2 teáskanál málna kivonat

Útvonalak
a) Helyezze a málnakivonatot az üres kávéskannába
b) Tegye a barna cukrot és a kávézaccot a kávészűrőbe
c) Adjunk hozzá 6 csésze vizet a tetejére, és forraljuk fel az edényt.

30. **Karácsonyi kávé**

Hozzávalók :
- 1 csésze kávé (10 csésze megfelelő)
- 1/2 csésze cukor
- 1/3 csésze víz
- 1/4 csésze cukrozatlan kakaó
- 1/4 teáskanál fahéj
- 1 csipet reszelt szerecsendió
- Felöntéshez tejszínhab

Útvonalak

a) Készítsen kávét.
b) Egy közepes serpenyőben melegítsük fel a vizet alacsony forrásig. Adjunk hozzá cukrot, kakaót, fahéjat és szerecsendiót.
c) Forraljuk vissza kb. egy percig – időnként megkeverve.
d) Keverjük össze a kávét és a kakaó/fűszer keveréket, és tálaljuk tejszínhabbal.

31. Gazdag kókuszos kávé

Hozzávalók :
- 2 csésze Fele-fele
- 15 oz. Kókuszkrém lehet
- 4 csésze forrón főzött kávé
- Édesített tejszínhab

Útvonalak
a) Egy serpenyőben, közepes lángon, folyamatos keverés mellett forraljuk fel a felét és a kókusztejszínt.
b) Keverje hozzá a kávét.
c) Édesített tejszínhabbal tálaljuk.

32. Csokoládé banán kávé

Hozzávalók :
- Készítsen egy 12 csésze kannát a szokásos kávéjából
- Adjunk hozzá 1 / 2-1 teáskanál banánkivonatot
- Adjunk hozzá 1-11/2 teáskanál kakaót

Útvonalak
a) Kombájn
b) Olyan egyszerű...és tökéletes egy vendégekkel teli házhoz

33. Fekete-erdő kávé

Hozzávalók :
- 6 oz. Frissen főzött kávé
- 2 evőkanál csokoládészirup
- 1 evőkanál Maraschino cseresznyelé
- Tejszínhab
- Borotvált csokoládé
- Maraschino cseresznye

Útvonalak
a) Keverje össze a kávét, a csokoládésziruport és a cseresznyelevet egy csészében. Jól összekeverni.
b) Tetejére tejszínhabbal, csokoládéreszelékkel és egy cseresznyével vagy 2-vel.

34. Maraschino kávé

Hozzávalók :
- 1 csésze fekete kávé
- 1 uncia. Amaretto
- Rediwhip Felvert feltét
- 1 maraschino cseresznye

Útvonalak
a) Töltsd meg a bögrét vagy csészét forró fekete kávéval. Belekeverjük az amarettót.
b) A tetejére felvert feltétet és egy cseresznyét teszünk.

35. Csokoládé mandulás kávé

Hozzávalók :
- 1/3 csésze őrölt kávé
- 1/4 teáskanál Frissen őrölt szerecsendió
- 1/2 teáskanál csokoládé kivonat
- 1/2 teáskanál mandula kivonat
- 1/4 csésze pirított mandula, apróra vágva

Útvonalak

a) A szerecsendiót és a kávét feldolgozzuk, hozzáadjuk a kivonatokat. Folytassa 10 másodperccel tovább. Tedd egy tálba és keverd össze mandulában. Hűtőszekrényben tárolandó.

b) 8 hat uncia adagot készít. Főzés: Helyezze a keveréket egy automata csepegtető kávéfőző szűrőjébe.

c) Adjunk hozzá 6 csésze vizet és forraljuk fel

36. Coffee Soda Pop

Hozzávalók :
- 3 csésze hűtött dupla erősségű kávé
- 1 evőkanál cukor
- 1 csésze Fél és fele
- 4 gombóc (1 pint) kávéfagylalt
- 3/4 csésze hűtött szóda
- Édesített tejszínhab
- 4 maraschino cseresznye,
- Díszítés-csokis fürtök vagy kakaó

Útvonalak
a) Keverje össze a kávé- és cukorkeveréket a felében.
b) Töltsön meg félig 4 magas üdítős poharat a kávékeverékkel
c) Adjunk hozzá egy gombóc fagylaltot, és töltsük meg a poharak tetejét a szódával.
d) Díszítsük tejszínhabbal, csokoládéval vagy kakaóval.
e) Nagyszerű csemege bulikra
f) Használjon koffeinmentesítőt a fiatalokkal való partikhoz

37. Félédes mokka

Hozzávalók :
- 4 oz. Félédes csokoládé
- 1 evőkanál cukor
- 1/4 csésze tejszínhab
- 4 csésze forró erős kávé
- Tejszínhab
- Reszelt narancshéj

Útvonalak
a) Olvasszuk fel a csokoládét egy erős serpenyőben alacsony lángon.
b) Hozzákeverjük a cukrot és a tejszínhabot.
c) Habverővel felverjük a kávét 1/2 csészével óránként; folytassuk habosodásig.
d) A tetejét megkenjük tejszínhabbal és megszórjuk reszelt narancshéjjal.

38. Bécsi kávé

Hozzávalók :
- 2/3 csésze száraz instant kávé
- 2/3 csésze cukor
- 3/4 csésze porított, tejmentes krém
- 1/2 teáskanál fahéj
- Dobja bele az őrölt szegfűborsot, a szegfűszeget és a szerecsendiót.

Útvonalak

a) Az összes hozzávalót összekeverjük és légmentesen záródó edényben tároljuk.
b) Keverjünk össze 4 teáskanálnyit egy csésze forró vízzel.
c) Ez egy csodálatos ajándék.
d) Tegye az összes hozzávalót egy befőttes edénybe.
e) Díszítsd szalaggal és akaszd fel.
f) Az akasztócímkére géppel fel kell írni a keverési utasítást.

39. Espresso Romano

Hozzávalók :
- 1/4 csésze finom őrölt kávé
- 1 1/2 csésze hideg víz
- 2 csík citromhéj

Útvonalak
a) kávéfőző szűrőjébe
b) Adjon hozzá vizet, és forralja fel a gép főzési utasításai szerint
c) Adjon hozzá citromot minden csészéhez
d) Szolgál

KAKAÓVAL ÁTATOTT KÁVÉ

40. Jeges Mocha Cappuccino

Hozzávalók :
- 1 evőkanál csokoládészirup
- 1 csésze forró dupla eszpresszó vagy nagyon erős kávé
- 1/4 csésze fele-fele
- 4 jégkocka

Útvonalak
a) A csokoládészirupot a forró kávéhoz keverjük, amíg el nem olvad. Turmixgépben keverje össze a kávét a felével és a jégkockákkal.
b) Keverje nagy sebességgel 2-3 percig.
c) Azonnal tálaljuk magas, hideg pohárban.

41. Eredeti jeges kávé

Hozzávalók :
- 1/4 csésze kávé; instant, normál vagy koffeinmentes
- 1/4 csésze cukor
- 1 liter vagy liter hideg tej

Útvonalak
a) Oldjuk fel az instant kávét és a cukrot forró vízben. Keverjünk hozzá 1 liter vagy liter hideg tejet, és adjunk hozzá jeget. A mokka ízéhez használjunk csokis tejet és ízlés szerint adjunk hozzá cukrot.
b) Oldjunk fel 1 evőkanál instant kávét és 2 teáskanál cukrot 1 evőkanál forró vízben.
c) Adjunk hozzá 1 csésze hideg tejet és keverjük össze.
d) Cukor helyett alacsony kalóriatartalmú édesítővel is édesíthetjük

42. Mocha ízű kávé

Hozzávalók :
- 1/4 csésze tejmentes tejszínes száraz
- 1/3 csésze cukor
- 1/4 csésze száraz instant kávé
- 2 evőkanál kakaó

Útvonalak

a) Tegye az összes hozzávalót a turmixgépbe, és addig verje, amíg jól el nem keveredik. Keverjünk össze 1 1/2 evőkanál kanál egy csésze forró vízzel.

b) Légmentesen záródó edényben tárolandó. Ilyen például a befőttes üveg.

43. Fűszeres mexikói mokka

Hozzávalók :
- 6 uncia erős kávé
- 2 evőkanál porcukor
- 1 evőkanál cukrozatlan őrölt csokoládépor
- 1/4 teáskanál vietnami Cassia fahéj
- 1/4 teáskanál jamaikai szegfűbors
- 1/8 teáskanál Cayenne bors
- 1-3 evőkanál kemény tejszín vagy fél és fele

Útvonalak

a) Egy kis tálban keverjük össze az összes száraz hozzávalót.

b) Öntse a kávét egy nagy bögrébe, keverje simára a kakaós keveréket.

c) Ezután ízlés szerint hozzáadjuk a tejszínt.

44. Csokoládé kávé

Hozzávalók :

- 2 evőkanál instant kávé
- 1/4 csésze cukor
- 1 csipetnyi só
- 1 uncia. A Square cukrozatlan csokoládéja
- 1 csésze Víz
- 3 csésze tej
- Tejszínhab

Útvonalak

a) Egy serpenyőben keverje össze a kávét, cukrot, sót, csokoládét és vizet; lassú tűzön addig keverjük, amíg a csokoládé el nem olvad. Állandó keverés mellett 4 percig pároljuk.
b) Fokozatosan adjuk hozzá a tejet, folyamatosan keverjük, amíg fel nem melegszik.
c) Amikor a cső forró, vegye le a tűzről, és forgó habverővel addig verje, amíg a keverék habos nem lesz.
d) Poharakba töltjük, és mindegyik felületére vitorlázunk egy-egy adag tejszínhabot.

45. Borsmentás Mokka kávé

Hozzávalók :
- 6 csésze frissen főzött kávé
- 1 1/2 csésze tej
- 4 uncia félédes csokoládé
- 1 teáskanál borsmenta kivonat
- 8 borsmenta rúd

Útvonalak
a) Helyezze a kávét, a tejet, a csokoládét egy nagy serpenyőbe alacsony lángon 5-7 percig, vagy amíg a csokoládé fel nem olvad, a keverék átmelegszik, időnként keverje meg.
b) Keverje hozzá a borsmenta kivonatot
c) Bögrékbe töltjük
d) Borsmentarúddal díszítjük

46. Mocha olasz eszpresszó

Hozzávalók :

- 1 csésze instant kávé
- 1 csésze cukor
- 4 1/2 csésze zsírmentes száraz tej
- 1/2 csésze kakaó

Útvonalak

a) Keverje össze az összes összetevőt.
b) Turmixgépben porrá dolgozzuk.
c) Használjon 2 evőkanálot egy kis csésze forró vízhez.
d) Espresso csészében tálaljuk
e) Körülbelül 7 csésze keveréket készít
f) Tárolja szorosan záródó fedeles edényben.
g) A befőttes üvegek jól használhatók a kávé tárolására.

47. Csokoládé kávék

Hozzávalók :
- 1/4 csésze instant eszpresszó
- 1/4 csésze instant kakaó
- 2 csésze forrásban lévő víz – a legjobb, ha szűrt vizet használunk
- Tejszínhab
- Finomra reszelt narancshéj vagy őrölt fahéj

Útvonalak

a) Keverjük össze a kávét és a kakaót. Adjunk hozzá forrásban lévő vizet, és keverjük, hogy feloldódjon. Öntsük demitasse csészékbe. Minden adagot megkenünk tejszínhabbal, reszelt narancshéjjal és egy csipet fahéjjal.

48. Csokoládé Amaretto kávé

Hozzávalók :
- Amaretto szemes kávé
- 1 evőkanál vanília kivonat
- 1 teáskanál mandula kivonat
- 1 teáskanál kakaópor
- 1 teáskanál cukor
- Tejszínhab a díszítéshez

Útvonalak
a) Főzzön kávét.
b) Adjon hozzá vanília és mandula kivonatot csészénként 1 teáskanál kakaót és 1 teáskanál cukrot.
c) Tejszínhabbal díszítjük

49. Csokoládé mentás kávé úszó

Hozzávalók :
- 1/2 csésze forró kávé
- 2 evőkanál Crème de Cacao likőr
- 1 gombóc mentás csokis fagylalt

Útvonalak
a) Minden adaghoz keverjen össze 1/2 csésze kávét és 2 evőkanál
b) s a likőrből.
c) A tetejére egy gombóc fagylaltot teszünk.

50. Kakaó Kávé

Hozzávalók :
- 1/4 csésze porított, tejmentes krém
- 1/3 csésze cukor
- 1/4 csésze száraz instant kávé
- 2 evőkanál kakaó

Útvonalak
a) Tegye az összes hozzávalót egy turmixgépbe, turmixolja magas fokozaton, amíg jól el nem keveredik.
b) Légmentesen záródó befőttes edényben tárolandó.
c) Keverjen össze 1 1/2 evőkanál 3/4 csésze forró vízzel

51. Kakaós mogyorós mokka

Hozzávalók :
- 3/4 oz. Kahlua
- 1/2 c forró mogyorós kávé
- 1 teáskanál Nestle Quick
- 2 evőkanál fele és fele

Útvonalak
a) Keverje össze az összes összetevőt .
b) S kedd

52. Csokoládé menta kávé

Hozzávalók :
- 1/3 csésze őrölt kávé
- 1 teáskanál csokoládé kivonat
- 1/2 teáskanál menta kivonat
- 1/4 teáskanál vanília kivonat

Útvonalak
a) Helyezze a kávét a turmixba.
b) Egy csészében keverje össze a kivonatokat, és adja hozzá a kivonatokat a kávéhoz.
c) Keverjük össze, néhány másodpercig.
d) Hűtve tárolandó

53. Cafe Au Lait

Hozzávalók :
- 2 csésze tej
- 1/2 csésze nehéz tejszín
- 6 csésze Louisiana kávé

Útvonalak

a) Keverje össze a tejet és a tejszínt egy serpenyőben; csak forraljuk fel (buborékok képződnek a serpenyő szélén), majd vegyük le a tűzről.
b) Öntsön egy kis kávét minden kávéscsészébe.
c) Öntse össze a maradék kávét és a forró tej keverékét, amíg a csészék körülbelül 3/4-e meg nem telik.
d) A sovány tej helyettesíthető teljes tejjel és tejszínnel.

54. Olasz kávé csokoládéval

Hozzávalók :
- 2 csésze forró erős kávé
- 2 csésze Hot Traditional Cocoa – próbálja ki a Hershey márkáját
- Tejszínhab
- Reszelt narancshéj

Útvonalak
a) Keverjen össze 1/2 csésze kávét és 1/2 csésze kakaót mind a 4 bögrében.
b) Tetejszínhabbal; megszórjuk reszelt narancshéjjal.

55. Félédes mokka

Hozzávalók :
- 4 oz. Félédes csokoládé
- 1 evőkanál cukor
- 1/4 csésze tejszínhab
- 4 csésze forró erős kávé
- Tejszínhab
- Reszelt narancshéj

Útvonalak
a) Olvasszuk fel a csokoládét egy erős serpenyőben alacsony lángon.
b) Hozzákeverjük a cukrot és a tejszínhabot.
c) Habverővel felverjük a kávét 1/2 csészével óránként; folytassuk habosodásig.
d) A tetejét megkenjük tejszínhabbal és megszórjuk reszelt narancshéjjal.

FŰSZERTEL BETÖLT KÁVÉ

56. Narancs fűszer kávé

Hozzávalók :
- 1/4 csésze őrölt kávé
- 1 evőkanál reszelt narancshéj
- 1/2 teáskanál vanília kivonat
- 1 1/2 fahéjrúd

Útvonalak

a) Tegye a kávét és a narancshéjat turmixgépbe vagy konyhai robotgépbe.
b) Állítsa le a processzort annyira, hogy hozzáadja a vaníliát.
c) Folytassa még 10 másodperccel.
d) A keveréket a fahéjrudakkal együtt üvegkancsóba tesszük, és hűtőbe tesszük.

57. Fűszeres kávékrém

Hozzávalók :

- 2 csésze Nestlé gyors
- 2 csésze porított kávékrém
- 1/2 csésze porcukor
- 3/4 teáskanál fahéj
- 3/4 teáskanál szerecsendió

Útvonalak

a) Az összes hozzávalót összekeverjük és légmentesen záródó edényben tároljuk.
b) Keverjünk össze 4 teáskanálnyit egy csésze forró vízzel

58. Kardamommal fűszerezett kávé

Hozzávalók :
- 3/4 csésze őrölt kávé
- 2 2/3 csésze víz
- Darált kardamom
- 1/2 csésze édesített sűrített tej

Útvonalak
a) Főzzön kávét csepegtető módban vagy perkolátoros kávéfőzőben.
b) Öntsük 4 csészébe.
c) Minden adaghoz adjunk hozzá egy csipet kardamomot és 2 evőkanál sűrített tejet.
d) Keverjük össze
e) Szolgál

59. Cafe de Ola

Hozzávalók :
- 8 csésze szűrt víz
- 2 kis fahéjrúd
- 3 egész szegfűszeg
- 4 uncia sötétbarna cukor
- 1 négyzet félédes csokoládé vagy mexikói csokoládé
- 4 uncia őrölt kávé

Útvonalak
a) Forraljuk fel a vizet.
b) Adjuk hozzá a fahéjat, a szegfűszeget, a cukrot és a csokoládét.
c) Újra felforraljuk, lefölözzük az esetleges habot.
d) Csökkentse a hőt alacsonyra, és NE FŐRJEN
e) Adjuk hozzá a kávét, és hagyjuk áztatni 5 percig.

60. Vaníliás mandula kávé

Hozzávalók :
- 1/3 csésze őrölt kávé
- 1 teáskanál vanília kivonat
- 1/2 teáskanál mandula kivonat
- 1/4 teáskanál ánizsmag

Útvonalak
a) Helyezze a kávét turmixgépbe
b) Keverje össze a többi hozzávalót egy külön pohárban
c) Adja hozzá a kivonatot és a magvakat a kávéhoz a turmixgépben
d) Addig dolgozzuk, amíg össze nem keverjük
e) Használja a keveréket a szokásos módon kávéfőzéskor
f) 8-6 uncia adagokat készít
g) A fel nem használt részt hűtőszekrényben tárolja

61. Arab Java

Hozzávalók :
- 1 pint szűrt víz
- 3 evőkanál kávé
- 3 evőkanál cukor
- 1/4 teáskanál fahéj
- 1/4 teáskanál kardamom
- 1 teáskanál vaníliás cukor vagy vaníliás cukor

Útvonalak
a) Az összes hozzávalót összekeverjük egy serpenyőben, és addig melegítjük, amíg hab nem gyűlik össze a tetején.
b) Ne engedje át szűrőn.
c) Tálalás előtt keverjük meg

62. Mézes kávé

Hozzávalók :
- 2 csésze friss kávé
- 1/2 csésze tej
- 4 evőkanál méz
- 1/8 teáskanál fahéj
- Dicséret szerecsendió vagy szegfűbors
- Csepp vagy 2 vanília kivonat

Útvonalak
a) A hozzávalókat egy serpenyőben felmelegítjük, de ne forraljuk fel.
b) Jól keverjük össze, hogy a hozzávalók összeálljanak.
c) Finom desszert kávé.

63. Cafe Vienna Desire

Hozzávalók :
- 1/2 csésze instant kávé
- 2/3 csésze cukor
- 2/3 csésze zsírmentes tej
- 1/2 teáskanál fahéj
- 1 csipet szegfűszeg – ízlés szerint igazítjuk
- 1 csipet szegfűbors – ízlés szerint igazítjuk
- 1 csipet szerecsendió igazítsa a kulcshoz

Útvonalak
a) Keverje össze az összes összetevőt
b) Használjon turmixgépet, hogy nagyon finom porrá turmixoljon. Használjon bögrénként 1 evőkanálnyit forró szűrt vízből.

64. Fahéjas fűszeres kávé

Hozzávalók :
- 1/3 csésze instant kávé
- 3 evőkanál cukor
- 8 egész szegfűszeg
- 3 hüvelykes rúd fahéj
- 3 csésze Víz
- Tejszínhab
- Őrölt fahéj

Útvonalak
a) Keverjen össze 1/3 csésze instant kávét, 3 evőkanál cukrot, szegfűszeget, fahéjat és vizet.
b) Fedjük le, forraljuk fel. Vegyük le a tűzről, és hagyjuk állni, lefedve, körülbelül 5 percig, hogy megdermedjen.
c) Szűrd le. Poharakba töltjük, és mindegyik tetejére egy-egy kanál tejszínhabot teszünk. Adjunk hozzá egy csipet fahéjat.

65. Fahéjas eszpresszó

Hozzávalók :
- 1 csésze hideg víz
- 2 evőkanál őrölt eszpresszó kávé
- 1/2 fahéjrúd (3" hosszú)
- 4 teáskanál Creme de Cacao
- 2 teáskanál Brandy
- 2 evőkanál Tejszínhab, hűtve Reszelt félédes csokoládé a díszítéshez

Útvonalak
a) Használja eszpresszógépét t, vagy nagyon erős kávéhoz kis mennyiségű szűrt vízzel.
b) Törj apró darabokra egy fahéjrudat, és add hozzá a forró eszpresszóhoz.
c) 1 percig hagyjuk hűlni.
d) Adjunk hozzá kakaót és pálinkát, és óvatosan keverjük össze. Öntsük demitasse-ba
e) Kupák. A tejszínt felverjük, és minden csésze tetejére kenjük a tejszínt. Díszítsük reszelt csokoládéval vagy csokis fürtökkel.

66. Mexikói fűszerezett kávé

Hozzávalók :

- 3/4 csésze barna cukor, szorosan csomagolva
- 6 szegfűszeg
- 6 Julienne szelet narancshéj
- 3 fahéj rúd
- 6 evőkanál . Igazi főzött kávé

Útvonalak

a) Egy nagy serpenyőben melegíts fel 6 csésze vizet a barna cukorral, fahéjrúddal és szegfűszeggel közepes lángon, amíg a keverék forró lesz, de ne hagyd felforrni. Adjuk hozzá a kávét, forraljuk fel a keveréket, időnként megkeverve 3 percig.

b) A kávét finom szitán szűrjük át, és kávéscsészékben tálaljuk a narancshéjjal.

67. Vietnami tojás kávé

Hozzávalók :
- 1 tojás
- 3 teáskanál vietnami kávépor
- 2 teáskanál édesített sűrített tej
- Forrásban lévő víz

Útvonalak

a) Főzzön egy kis csésze vietnami kávét.
b) Törjünk fel egy tojást, és dobjuk ki a fehérjét.
c) A sárgáját és az édesített sűrített tejet egy kis, mély tálba tesszük, és erőteljesen keverjük, amíg a fentihez hasonló habos, bolyhos keveréket nem kapunk.
d) Adjunk hozzá egy evőkanál főzött kávét, és forgassuk bele.
e) Egy átlátszó kávéscsészébe öntse bele a főzött kávét, majd a tetejére tegye a puha tojásos keveréket.

68. Török kávé

Hozzávalók :

- 3/4 csésze víz
- 1 evőkanál cukor
- 1 evőkanál porított kávé
- 1 kardamom hüvely

Útvonalak

a) A vizet és a cukrot felforraljuk.
b) Vegyük le a tűzről - adjunk hozzá kávét és kardamomot
c) Jól elkeverjük és visszatesszük a hőre.
d) Amikor a kávé felhabosodik, vegye le a tűzről, és hagyja leülepedni a kávézaccot.
e) Ismételje meg még kétszer. Poharakba öntjük.
f) A kávézaccnak ivás előtt le kell ülepednie.
g) A kávét a csészében lévő kardamomhüvellyel is tálalhatja - tetszés szerint

Török kávé tippek

h) Mindig habbal kell tálalni
i) Kérheti, hogy a kávéját őröljék a török kávéhoz – ez por állagú.
j) Pohárba öntés után ne keverje meg, mert a hab összeesik
k) Elkészítéskor mindig hideg vizet használjunk
l) A török kávéhoz soha nem adnak tejszínt vagy tejet; a cukor azonban nem kötelező

69. Sütőtök fűszeres tejeskávé

Hozzávalók :
- 2 evőkanál tökkonzerv
- 1/2 teáskanál sütőtök pite fűszer, plusz még a díszítéshez
- Frissen őrölt fekete bors
- 2 evőkanál cukor
- 2 evőkanál tiszta vanília kivonat
- 2 csésze teljes tej
- 1-2 adag eszpresszó, körülbelül 1/4 csésze
- 1/4 csésze kemény tejszín, kemény habbá verve

Útvonalak
a) Melegítsük fel a sütőtököt és a fűszereket: Egy kis serpenyőben, közepes lángon főzzük a sütőtököt a sütőtökös pite fűszerrel és egy bőséges fekete borssal 2 percig, vagy amíg forró és főtt illatú lesz. Folyamatosan keverjük.
b) Adjuk hozzá a cukrot, és keverjük addig, amíg a keverék sűrű sziruphoz hasonlít.
c) Hozzákeverjük a tejet és a vaníliakivonatot. Közepes lángon óvatosan felmelegítjük, óvatosan figyelve, hogy ne forrjon fel.
d) Óvatosan botmixerrel vagy hagyományos turmixgépben (a fedőt vastag törülközővel szorosan lenyomva!) habosra és összeturmixoljuk.
e) Keverje össze az italokat: készítse el az eszpresszót vagy a kávét, és osszuk el két bögre között, és adjuk hozzá a habosított tejet.

f) A tetejét tejszínhabbal és ízlés szerint megszórjuk sütőtök pite fűszerrel, fahéjjal vagy szerecsendióval.

70. Caramel Latte

Hozzávalók :

- 2 uncia eszpresszó
- 10 uncia tej
- 2 evőkanál házi karamellszósz plusz még a csepegtetéshez
- 1 evőkanál cukor (elhagyható)

Útvonalak

a) Öntse az eszpresszót egy bögrébe.
b) Helyezze a tejet egy széles üvegbe vagy üvegedénybe, és 30 másodpercig süsse mikrohullámú sütőbe, amíg nagyon forró, de nem forr.
c) Alternatív megoldásként melegítse a tejet egy serpenyőben közepes lángon körülbelül 5 percig, amíg nagyon forró, de nem forr, óvatosan figyelve.
d) Adjuk hozzá a karamellszószt és a cukrot (ha használjuk) a forró tejhez, és keverjük addig, amíg fel nem oldódnak.
e) Tejhabosító segítségével addig habosítsa a tejet, amíg buborékokat nem lát, és sűrű habot nem kap, 20-30 másodpercig. Forgassa meg az üveget, és enyhén koppintson többször a pultra, hogy a nagyobb buborékok kipattanjanak. Szükség szerint ismételje meg ezt a lépést.
f) Egy kanál segítségével tartsa vissza a habot, öntse a tejet az eszpresszóba. A maradék habot rákanalazzuk.

ALKOHOLLAL ÁTATOTT KÁVÉ

71. Rumos kávé

Hozzávalók :

- 12 oz. Frissen őrölt kávé, lehetőleg csokis mentás, vagy svájci csokoládé
- 2 oz. Vagy több 151 szoba
- 1 nagy kanál tejszínhab
- 1 uncia. Bailey's Irish Cream
- 2 evőkanál csokoládészirup

Útvonalak

a) Frissen őröljük a kávét.
b) Sörfőzés.
c) Egy nagy bögrébe tegye a 2+ oz-t. az alsó 151 szobából.
d) Öntse a forró kávét a bögrébe 3/4-ig.
e) Adja hozzá a Bailey's Irish krémet.
f) Keverjük össze.
g) A tetejét megkenjük a friss tejszínhabbal és meglocsoljuk a csokoládésziruppal.

72. Kahlua ír kávé

Hozzávalók :
- 2 oz. Kahlua vagy kávélikőr
- 2 oz. Ír whisky
- 4 csésze forró kávé
- 1/4 csésze Habtejszín, felvert

Útvonalak

a) Minden csészébe öntsön fél uncia kávélikőrt. Adjon hozzá fél uncia ír whiskyt mindegyikhez
b) csésze. Öntsük bele a gőzölgő frissen főzött forró kávét, keverjük össze. Kanál két púpos
c) mindegyik tetejére evőkanál tejszínhabot. Forrón tálaljuk, de ne olyan forrón, hogy megperzseljük az ajkait.

73. Bailey ír cappuccino-ja

Hozzávalók :
- 3 oz. Bailey's Irish Cream
- 5 oz. forró kávé -
- Konzerv desszert öntet
- 1 csipetnyi szerecsendió

Útvonalak
a) Öntse a Bailey's Irish Cream-et egy kávésbögrébe.
b) Töltsük meg forró feketekávéval. A tetejét egyetlen spray desszert öntettel kenjük meg.
c) Meghintjük a desszert tetejét egy csipetnyi szerecsendióval

74. Brandy Kávé

Hozzávalók :
- 3/4 csésze forró erős kávé
- 2 uncia pálinka
- 1 teáskanál cukor
- 2 uncia Heavy Cream

Útvonalak
a) Öntse a kávét egy magas bögrébe. Adjuk hozzá a cukrot és keverjük, hogy feloldódjon.
b) Adjuk hozzá a brandyt és keverjük újra. Öntsük a tejszínt egy teáskanál hátára, miközben tartjuk, kissé a csészében lévő kávé teteje fölé. Ez lehetővé teszi, hogy lebegjen.
c) Szolgál.

75. Kahlua és csokoládé szósz

Hozzávalók :
- 6 csésze forró kávé
- 1 csésze csokoládé szirup
- 1/4 csésze Kahlua
- $\frac{1}{8}$ teáskanál őrölt fahéj
- Tejszínhab

Útvonalak
a) Keverje össze a kávét, a csokoládésziruppot, a Kahluát és a fahéjat egy nagy tartályban; jól keverjük össze.
b) Azonnal tálaljuk. Tetejére tejszínhabbal.

76. Házi kávé likőr

Hozzávalók :
- 4 csésze cukor
- 1/2 csésze instant kávé - használjon szűrt vizet
- 3 csésze Víz
- 1/4 teáskanál Só
- 1 1/2 csésze vodka, nagy szilárdságú
- 3 evőkanál vanília

Útvonalak
a) Keverje össze a cukrot és a vizet; forraljuk, amíg a cukor fel nem oldódik. Csökkentse a hőt, és forralja fel 1 óra.
b) EASY COOL.
c) Keverje hozzá a vodkát és a vaníliát.

77. Kahlua pálinkás kávé

Hozzávalók :
- 1 uncia Kahlua
- 1/2 uncia pálinka
- 1 csésze forró kávé
- Felöntéshez tejszínhab

Útvonalak
a) Adjunk hozzá Kahluát és pálinkát a kávéhoz
b) Díszítsük a tejszínhabbal

78. Lime Tequila Espresso

Hozzávalók :
- Dupla adag eszpresszó
- 1 lövés fehér tequilából
- 1 friss lime

Útvonalak
a) Fuss körbe egy szelet lime-ot egy eszpresszós pohár szélén.
b) Öntsön dupla adag eszpresszót jégre.
c) Adjon hozzá egyetlen adag White Tequilát
d) Szolgál

79. Édesített pálinkás kávé

Hozzávalók :
- 1 csésze frissen főzött kávé
- 1 uncia. Kávélikőr
- 1 teáskanál csokoládészirup
- 1/2 oz. Pálinka
- 1 csipetnyi fahéj
- Édes tejszínhab

Útvonalak
a) Keverje össze a kávélikőrt, a pálinkát, a csokoládészirupot és a fahéjat egy bögrében. Töltsük meg frissen főzött kávéval.
b) Tetejére tejszínhabbal.

80. Vacsoraparti kávé

Hozzávalók :
- 3 csésze Nagyon forró koffeinmentes kávé
- 2 evőkanál cukor
- 1/4 csésze világos vagy sötét rum

Útvonalak

a) Keverje össze a nagyon forró kávét, a cukrot és a rumot egy felforrósított edényben.
b) Duplája szükség szerint.

81. Édes juhar kávé

Hozzávalók :
- 1 csésze fele-fele
- 1/4 csésze juharszirup
- 1 csésze forrón főzött kávé
- Édesített tejszínhab

Útvonalak
a) A felét és a juharszirupot egy serpenyőben, közepes lángon főzzük meg. Folyamatosan kevergetve, amíg teljesen fel nem melegszik. Ne hagyja, hogy a keverék felforrjon.
b) Hozzákeverjük a kávét, és édesített tejszínhabbal tálaljuk.

82. Dublini álom

Hozzávalók :

- 1 evőkanál instant kávé
- 1 1/2 evőkanál Instant forró csokoládé
- 1/2 oz. Ír krémlikőr
- 3/4 csésze forrásban lévő víz
- 1/4 csésze tejszínhab

Útvonalak
a) Egy ír kávéspohárba tegyük az összes hozzávalót, kivéve a tejszínhabot.
b) Jól elkeverjük, majd tejszínhabbal díszítjük.

83. Di Saronno kávé

Hozzávalók :
- 1 uncia. Di saronno amaretto
- 8 oz. Kávé
- Tejszínhab

Útvonalak
a) Keverje össze a Di Saronno Amarettót kávéval, majd tegye fel tejszínhabbal.
b) Ír kávésbögrékben tálaljuk.

84. Baja kávé

Hozzávalók :

- 8 csésze forró víz
- 3 evőkanál instant kávé granulátum
- 1/2 csésze kávélikőr
- 1/4 csésze Crème de Cacao likőr
- 3/4 csésze tejszínhab
- 2 evőkanál félédes csokoládé, reszelve

Útvonalak

a) Lassú tűzhelyben keverje össze a forró vizet, a kávét és a likőröket.
b) Fedjük le és melegítsük LOW 2-4-en órák. Merítse bögrékbe vagy hőálló poharakba.
c) A tetejét tejszínhabbal és reszelt csokoládéval megkenjük.

85. Praliné kávé

Hozzávalók :
- 3 csésze forrón főzött kávé
- 3/4 csésze fele-fele
- 3/4 csésze szilárdan csomagolt barna cukor
- 2 evőkanál vaj vagy margarin
- 3/4 csésze praliné likőr
- Édesített tejszínhab

Útvonalak
a) Főzzük az első 4 hozzávalót egy nagy serpenyőben közepes lángon, folyamatos keverés közben, amíg alaposan fel nem forraljuk, ne forraljuk fel.
b) Keverje hozzá a likőrt; édesített tejszínhabbal tálaljuk.

86. Vodka kávé

Hozzávalók :

- 2 csésze sötétbarna cukor szilárdan csomagolva
- 1 csésze fehér cukor
- 2 1/2 csésze víz
- 4 csésze pekándió darabok
- 4 Vaníliarúd hosszában kettévágva
- 4 csésze vodka

Útvonalak

a) Keverje össze a barna cukrot, a fehér cukrot és a vizet egy serpenyőben közepes lángon, amíg a keverék forrni nem kezd. Csökkentse a hőt, és párolja 5 percig.
b) Helyezzen vaníliarudat és pekándiót egy nagy üvegedénybe (mivel 4 1/2 csésze lesz. Öntse a forró keveréket az edénybe, és hagyja kihűlni. Adjon hozzá vodkát
c) Fedjük le szorosan és tároljuk sötét helyen. A következő 2 hétben minden nap fordítsa meg az edényt, hogy az összes hozzávaló összekeveredjen. 2 hét elteltével szűrjük le a keveréket, dobjuk ki a szilárd anyagokat.

87. Amaretto Cafe

Hozzávalók :

- 1 1/2 csésze meleg víz
- 1/3 csésze Amaretto
- 1 evőkanál instant kávé kristály
- Tejszínhab öntet

Útvonalak

a) Keverje össze a vizet és az instant kávé kristályait egy mikrohullámú sütőben.
b) Mikrohullámú sütő fedetlen, 100%-os teljesítménnyel körülbelül 3 percig, vagy csak addig, amíg fel nem párolódik.
c) Keverje hozzá az Amarettót. Átlátszó üvegbögrékben tálaljuk. Minden bögre kávékeveréket öntsön desszert öntettel.

88. Cafe Au Cin

Hozzávalók :
- 1 csésze Hideg Erős francia pörkölt kávé
- 2 evőkanál kristálycukor
- csipetnyi fahéj
- 2 oz. Tawny port
- 1/2 teáskanál reszelt narancshéj

Útvonalak
a) Keverje össze és keverje össze egy turmixgépben nagy sebességgel.
b) Kihűtött borospoharakba töltjük.

89. Tüskés cappuccino

Hozzávalók :

- 1/2 csésze fele-fele
- 1/2 csésze frissen főzött eszpresszó
- 2 evőkanál pálinka
- 2 evőkanál fehér rum
- 2 evőkanál kakaós sötétkrém
- Cukor

Útvonalak

a) Egy kis serpenyőben nagy lángon fele-fele fele habosra keverjük, körülbelül 3 percig.
b) Osszuk el az eszpresszó kávét 2 csészére. Adja hozzá a brandy felét és a kakaókrém felét minden csészébe.
c) Félig újra habverjük és csészékbe öntjük.
d) A cukor nem kötelező

90. Gael kávé

Hozzávalók :
- Fekete kávé; frissen készült
- skót whisky
- Nyers barna cukor
- Igazi tejszínhab; enyhén sűrűre verjük

Útvonalak
a) Öntse a kávét egy felmelegített pohárba.
b) Adjuk hozzá ízlés szerint a whiskyt és a barna cukrot. Jól keverjük össze.
c) Öntsön enyhén felvert tejszínt a pohárba egy teáskanál hátulján, amely éppen a csészében lévő folyadék teteje fölött van.
d) Kicsit le kell úsznia.

91. Rozs whisky kávé

Hozzávalók :
- 1/4 csésze juharszirup; tiszta
- 1/2 csésze rozs whisky
- 3 csésze kávé; forró, fekete, dupla erősségű

Öntetek:
- 3/4 csésze tejszínhab
- 4 teáskanál tiszta juharszirup

Útvonalak
a) Feltöltés – Verjük fel a 3/4 csésze tejszínhabot a 4 teáskanál juharsziruppal, amíg puha halmot nem kapunk.
b) Ossza el a juharszirupot és a whiskyt 4 előmelegített hőálló üvegbögrében.
c) Öntsön bele kávét 1 hüvelykre a tetejétől.
d) Kanál öntet a kávéra.
e) Szolgál

92. Cherry Brandy kávé

Hozzávalók :
- 1/2 uncia cseresznyepálinka
- 5 uncia friss feketekávé
- 1 teáskanál cukor hab
- Maraschino cseresznye

Útvonalak
a) Öntsük a kávét és a cseresznyepálinkát egy kávéscsészébe, és édesítsük hozzá a cukrot.
b) Tetejére tejszínhabbal és maraschino cseresznyével.

93. Dán kávé

Hozzávalók :
- 8 c Forró kávé
- 1 c Sötét szoba
- 3/4 c cukor
- 2 fahéj rúd
- 12 szegfűszeg (egész)

Útvonalak
a) Egy nagyon nagy, vastag serpenyőben keverje össze az összes hozzávalót, fedje le, és tartsa alacsony lángon körülbelül 2 órán át.
b) Kávésbögrékben tálaljuk.

94. Whisky Shooter

Hozzávalók :
- 1/2 csésze sovány tej
- 1/2 csésze sima zsírszegény joghurt
- 2 teáskanál cukor
- 1 teáskanál instant kávépor
- 1 teáskanál ír whisky

Útvonalak
a) Tegye az összes hozzávalót egy turmixgépbe alacsony sebességen.
b) Addig turmixoljuk, amíg nem látjuk, hogy a hozzávalók összeolvadtak.
c) A bemutatáshoz használjon magas shake poharat.

95. Jó öreg ír

Hozzávalók :
- 1,5 uncia ír krémlikőr
- 1,5 uncia ír whisky
- 1 csésze forró főzött kávé
- 1 evőkanál tejszínhab
- 1 csipet szerecsendió

Útvonalak

a) Egy kávésbögrében keverje össze az ír krémet és az ír whiskyt.
b) Töltsd meg a bögrét kávéval. A tetejét megkenjük egy kanál tejszínhabbal.
c) Megszórjuk szerecsendióval.

96. Bushmills ír kávé

Hozzávalók :
- 1 1/2 uncia Bushmills ír whisky
- 1 teáskanál barna cukor (elhagyható)
- 1 csipetnyi Crème de menthe, zöld
- Extra erős friss kávé
- Tejszínhab

Útvonalak
a) Öntsön whiskyt az ír kávéscsészébe, és töltse fel 1/2 hüvelykig kávéval. Adjunk hozzá cukrot ízlés szerint és keverjük össze. A tetejét tejszínhabbal megkenjük és crème de menthe-t csorgatunk a tetejére.
b) Merítse a csésze szélét cukorba, hogy bevonja a szélét.

97. Fekete ír kávé

Hozzávalók :
- 1 csésze erős kávé
- 1 1/2 oz. ír whisky
- 1 teáskanál cukor
- 1 evőkanál Tejszínhab

Útvonalak
a) Keverje össze a kávét, a cukrot és a whiskyt egy nagy, mikrohullámú sütőben használható bögrében.
b) Mikrohullámú sütőben 1-2 percig . Tetejére tejszínhabbal
c) Óvatosan iváskor, szükség lehet egy pillanatra, hogy lehűljön.

98. Krémes ír kávé

Hozzávalók :
- 1/3 csésze ír krémlikőr
- 1 1/2 csésze frissen főzött kávé
- 1/4 csésze kemény tejszín, enyhén édesítve és felvert

Útvonalak
a) Osszuk el a likőrt és a kávét 2 bögre között.
b) Tetejére tejszínhabbal.
c) Szolgál.

99. Régimódi ír kávé

Hozzávalók :
- 3/4 csésze meleg víz
- 2 evőkanál ír whisky
- Desszert Feltöltés
- 1 1/2 kanál instant kávé kristályok
- Barna cukor ízlés szerint

Útvonalak
a) Keverje össze a vizet és az instant kávé kristályait. Mikrohullámú sütő, fedetlen, bekapcsolva
b) 100% teljesítmény körülbelül 1 1/2 percig, vagy csak addig, amíg gőzölög. Keverje hozzá az ír whiskyt és a barna cukrot.

100. Krémlikőr Latte

Hozzávalók :
- 1 rész Krémlikőr
- 1½ rész vodka

Útvonalak
a) Rázza fel jéggel, és szűrje le Martini pohárba.
b) Élvezd

KÖVETKEZTETÉS

Minden ízelt recepttel és minden illatos jegygel zárjuk utazásunkat a "Kávészerető receptgyűjteménye" lapjain. Az ízek szimfóniája, az aromák költészete és a bemutatás művészisége a kávéfőzés birodalmában találkozik. . Amint rájöttél, a kávé nem csak ital; ez egy olyan élmény, amely minden érzékszervét leköti, és pillanatokat örökít meg az időben.

Reméljük, hogy ezek a receptek lángra lobbantották a kávékészítés iránti új szenvedélyt, és arra inspiráltak, hogy ízekkel, technikákkal és személyes vonásokkal kísérletezzen. Hagyja, hogy a tökéletes csésze elkészítésének öröme minden nap eleganciát és kényeztetést áraszt el.

A kávékultúra szívétől az önéig, köszönöm, hogy csatlakozott hozzánk ezen az úton. A kávé mindig tökéletes legyen, és minden korty közelebb vigye az igazi boldogság lényegéhez.

www.ingramcontent.com/pod-product-compliance
Lightning Source LLC
LaVergne TN
LVHW021703060526
838200LV00050B/2484